Ludwig Schoeberlein

Musik im Kultus der evangelischen Kirche

Ludwig Schoeberlein

Musik im Kultus der evangelischen Kirche

ISBN/EAN: 9783744624350

Hergestellt in Europa, USA, Kanada, Australien, Japan

Cover: Foto ©Thomas Meinert / pixelio.de

Weitere Bücher finden Sie auf **www.hansebooks.com**

Die Musik

im Cultus der evangelischen Kirche.

Abt Dr. L. Schoeberlein,

Professor der Theologie in Göttingen.

Carl Winter's Universitätsbuchhandlung in Heidelberg, 1881.

Die Muſik im evangeliſchen Cultus*).

Hochgeehrte Verſammlung!

Wenn man vor etwa 40 Jahren durch die deutſchen Gauen reiſte, da machte es einen betrübenden Eindruck, ſo viele Kirchen aus mittelalterlicher Zeit unausgebaut und in einem vernachläſſigten Zuſtande, oder hinwieder ſo viele Kir= chen neueren Datums in Form von Opernhäuſern oder Scheunen gebaut, mit weißer Tünche überzogen und mit weiten, viereckigen Fenſterſcheiben verſehen zu finden. Wohl kann man auch heute noch auf ſolche Kirchen ſtoßen. Aber die Gemeinden pflegen dieß doch als einen Mißſtand zu fühlen, und man hat angefangen, die unvollendeten Thürme auszu= bauen und das Innere würdig zu ſchmücken; wo man aber neue Kirchen baut, geſchieht es meiſt in würdigem, ſei es in gothiſchem oder romaniſchem oder ſonſtigem kirchlichen Styl, und die Gemeinden freuen ſich und ſetzen eine Ehre darein, ein ſolches Gotteshaus zu haben.

Während aber auf dieſe Weiſe der Werth der bildenden Kunſt für das gottesdienſtliche Leben immer allgemeiner an= erkannt wird, ſo hat hingegen ihre Schweſter, die Tonkunſt,

---

*) Beim mündlichen Vortrag mußten einige Abkürzungen eintreten.

in unſern Tagen noch gar wenig Beachtung gefunden oder eine falſche Verwendung für den Gottesdienſt unſrer Kirche erfahren. Zwar beſteht in demſelben noch allgemein die alt=evangeliſche Sitte des Gemeindegeſangs; aber es iſt fraglich, ob derſelbe in's Gebiet der Kunſt zu ſtellen ſei, wenn Ge=meinden, wie man's nicht ſelten hört, von der Orgel geſchleppt, Ton um Ton mehr herausſtoßen als ſingen. Unſere Organiſten aber ſcheinen vielfach zu meinen, daß jedes Opernſtück geheiligt ſei, wenn es auf die Orgel übertragen wird. Und der Chor=geſang, dieſer eigentliche Träger heiliger Tonkunſt, iſt, wenn man nicht das Vorſingen einer ungeſchulten Jugend dafür nehmen will, bis auf wenige Reſte aus alter Zeit und ver=einzelte Neubildungen der Gegenwart, aus unſern Gottes=dienſten geradezu entſchwunden.

Warum aber ſoll die Tonkunſt, fragen wir, hinter der bildenden Kunſt zurückgeſtellt bleiben? Iſt doch die Kunſt an ſich die natürliche, die weſentliche Begleiterin der Religion! Denn das Heilige, wo es in voller Wahrheit ſteht, iſt auch ſchön; und indem ſeine innere Schönheit nach Außen zur Darſtellung kommt, tritt es in die Sphäre der Kunſt, welche berufen iſt, die innere Harmonie des Schönen in ſinnliche Form zu faſſen. Wenn es nun der feiernden Gemeinde ein Bedürfniß iſt, die Stätte ihrer Feier durch ernſte Formen, durch bedeutſame Symbole und durch heiliges Bildwerk ſo zu geſtalten, daß aus ihrer äußern Umgebung ein Widerſchein der göttlichen Ideen, in denen ſie lebt, auf ſie zurückfällt, ſoll nicht auch die Handlung der Feier ſelbſt von einem ver=wandten Elemente der Kunſt durchzogen ſein, in welchem ſie die heiligen Geſinnungen ihrer Buße und Lobpreiſung, ihres Glau=bens, ihrer Hoffnung und Liebe zum volleren Ausdruck bringt und ihrer Andacht hiemit höheren Aufſchwung zu Gott verleiht?

Nächst der heiligen Poesie, welche in der Feier der Gemeinde (als des Volkes Gottes) die Form des volksmäßigen Liedes annimmt, ist es aber insbesondere die Musik, welche sich der Seele zum Organ ihrer feiernden Stimmung darbietet. Und mit innerer Nothwendigkeit kleiden sich die heiligen Gefühle, die das feiernde Gemüth der Gemeinde bewegen, in die Harmonie der Töne, um den Frieden der Versöhnung, worin sie durch Gottes Gnade steht, in selige Wonne ausklingen zu lassen.

Dieser innere Zusammenhang der Tonkunst mit der religiösen Feier ist der Grund, daß wir selbst bei heidnischen Völkern die Musik, sei es als Gesang oder als Instrumentenklang, im Geleite des Cultus stehend finden. Und es sahen die alten Völker in der Musik etwas Göttliches, das den Priestern als heiliges Geheimniß zur Pflege anvertraut sei, um dadurch die Herzen für das Heilige zu gewinnen. Insbesondere aber stand die Musik bei den Israeliten in heiligem Gebrauche. Wenn die Schaaren der Festpilger nach Jerusalem hinaufzogen, so sangen sie unterwegs Psalmen, und auch die häusliche Feier der Feste wurde mit solchem Gesang begangen, wie das Passah mit den Halleluja-Psalmen. Daß aber auch die gottesdienstliche Feier durch Musik erhöht wurde, dieß war für David und nach ihm für Salomo ein besonderes heiliges Anliegen. David stellte — so heißt es im 1. Buch der Chronika (23,5; 25,7) — vor der Bundeslade Leviten auf, an der Zahl 4000 Lobsänger des Herrn mit Saitenspiel, und darunter 288 Meister, die im Gesang des Herrn gelehrt waren, und diese wieder getheilt in 24 Ordnungen, an deren Spitze Kapellmeister standen und über Allen der oberste Sangmeister. Sie sangen Psalmen nach verschiedenen Weisen in Wechselchören, und das Volk antwor-

tete mit einem stehenden Refrain: „Halleluja!" oder: „denn
seine Güte währet ewiglich" (Pf. 113. 136). Auch ward der
Gesang zum Theil von Instrumenten begleitet, von Harfen
und Cymbeln, von Pfeifen und Pauken, von Trommeten und
Posaunen. Und bei der Einweihung des Tempels durch
Salomo wird die musikalische Feier als eine so vollkommene
geschildert, daß es war, als wäre es Einer, der trommetete
und sänge, als hörte man Eine Stimme zu loben und zu
danken dem Herrn, „daß er so gütig ist und seine Barmher=
zigkeit ewig währet" (2 Chron. 5, 12—14). So rein und
so gewaltig wirkend war die gottesdienstliche Musik der Is=
raeliten! —

Von Israel aus setzte sie sich in die christliche Kirche
fort. Ging doch unser Herr selbst mit seinem Beispiel voran,
indem er am Passahfeste mit seinen Jüngern den Lobgesang
(Pf. 113—118) sang, bevor er seinen Leidensweg nach Gethse=
mane antrat. Ueber die Gesänge der Christen in der aposto=
lischen Zeit aber lernen wir aus Pauli Vermahnung (Eph.
5, 19. Col. 3, 16), daß sie bestanden in Psalmen, in Hymnen
und in geistlichen Liedern. Was die Psalmen betrifft, so
waren es theils die Psalmen des Alten Bundes, theils traten
einzelne Christen in ihren gottesdienstlichen Versammlungen
mit neuen auf (1. Cor. 14, 26). Und als Muster solcher
neutestamentlichen Psalmen mögen uns gelten: der Lobgesang
Zachariä: „Gelobet sei der Herr, der Gott Israels, denn er
hat besucht und erlöset sein Volk", der Lobgesang Mariä, da
sie von Elisabeth als Mutter des Herrn begrüßt wurde:
„Meine Seele erhebet den Herrn und mein Geist freuet sich
Gottes, meines Heilandes", und der Lobgesang Simeons:
„Herr, nun lässest du deinen Diener in Frieden fahren, denn
meine Augen haben deinen Heiland gesehen". Diese Lobge=

sänge des Neuen Bundes sind der Kirche für alle Zeiten ein unveräußerliches Gut geblieben. Während nun diese Psalmen nach dem alttestamentlichen Vorbilde, getheilt in zwei Vers= hälften, zwischen zwei Chören auf Einen Ton, mit melodischer Cadenz am Schluß jeder Hälfte gesungen wurden, so scheinen hingegen eine freiere Melodie gehabt zu haben die Hymnen, worunter wir rhythmische Gesänge feierlichen Lobpreises auf die Herrlichkeit Gottes und seine großen Thaten zu verstehen haben. Als Grundtypus dafür mag uns gelten der Lobgesang der himmlischen Heerschaaren bei der Geburt Christi: „Ehre sei Gott in der Höhe und Friede auf Erden und den Men= schen ein Wohlgefallen!" Weitere Typen dafür aber sind die Lobgesänge in der Offenbarung St. Johannis, da die 24 Aeltesten vor dem Lamme niederfielen und, Harfen in ihren Händen, ein neues Lied sangen: „Du bist würdig zu nehmen das Buch und aufzuthun seine Siegel; denn du bist erwürget und hast uns Gott erkauft mit deinem Blut aus allerlei Ge= schlecht und Zungen und Volk und Heiden, und hast uns unserm Gott zu Königen und Priestern gemacht, und wir werden Könige sein auf Erden". Und darnach erscholl die Stimme von tausendmal Tausenden: „Das Lamm, das er= würget ist, ist würdig zu nehmen Kraft und Reichthum und Weisheit und Stärke und Ehre und Preis und Lob" (Offenb. 5, 9 ff.). Zu diesen beiden dem Gottesdienst ausschließlich eigenen Gesängen, den Psalmen und Hymnen, kam aber noch eine andere Weise hinzu, die auch dem Profanleben eigen war, aber in der christlichen Gemeinde einen geistlichen Inhalt empfing, daher sie der Apostel als geistliche Lieder von den gewöhnlichen, weltlichen unterscheiden wollte. Und auch davon lassen sich in der heil. Schrift Spuren entdecken, wie z. B. die Stelle im 1. Timotheusbriefe (3, 16), die ein christliches

Liebfragment zu sein scheint: „Gott ist geoffenbaret im Fleisch, gerechtfertigt im Geist, erschienen den Engeln, geprebigt den Heiden, geglaubt von der Welt, aufgenommen in die Herr= lichkeit", ober im 2. Brief an den Timotheus (2, 11. 12): „Das ist je gewißlich wahr: Sterben wir mit, so werden wir mit leben; dulben wir, so werden wir mit herrschen; ver= leugnen wir, so wird er uns auch verleugnen; glauben wir nicht, so bleibet er treu, er kann sich selbst nicht leugnen".

Durch diese Gesänge der apostolischen Zeit hat die Musik ihre christliche Weihe empfangen. Der in jener Grün= bungszeit der Kirche angeschlagene Ton heiliger Musik konnte aber auch nicht mehr verhallen. War er ja entsprungen aus einem im neuaufgegangenen Heile seligen Herzen. Und dieß Heil in Christo ist der Quell, aus welchem das gottesdienst= liche Leben der Kirche immer neu wieder hervorquillt. Wie könnte die Gemeinde, die darin Licht, Leben und Friede hat, anders, als ihrem Gott und Heiland dafür Lob und Dank, Ehre und Preis bringen in Tönen höherer Chors!

Um diesem heiligen Drange zu folgen, fehlte es auch der nachapostolischen und alten Kirche nicht an den erforder= lichen Gaben und Kräften. Bezüglich des Psalmengesanges zwar beschränkte man sich auf die alttestamentlichen Psalmen nebst den psalmodischen Lobgesängen des Neuen Bundes. Die= selben wurden von einem Sängerchor ausgeführt, welcher auf dem sogenannten Ambon stand, einem erhöhten Plaße vorn im Schiff der Kirche. Aber auch die Gemeinde betheiligte sich daran, sei es, daß sie mit der jeweiligen Gegenstrophe antwortete, oder daß sie die letzten Worte des Chors wieder= holte, oder daß sie die einzelne Strophe mit Halleluja oder einem andern Refrain abschloß. Am Schluß jedes ganzen Psalms aber warb zum Preis des dreieinigen Gottes gesun=

gen: „Ehre sei dem Vater und dem Sohne und dem heiligen
Geiste" mit dem späteren Zusatz: „Wie es war im Anfang,
so nun und immerdar und von Ewigkeit zu Ewigkeit. Amen".
Eine selbständigere Weiterbildung erfuhr hingegen der
Lieb= und Hymnengesang der Kirche. In den folgenden
Jahrhunderten entstand ein großer Reichthum neuer Hymnen,
beides, in der morgenländischen und in der abendländischen
Kirche. Zumal ist es diese, welche die christlichen Gedanken
und Gefühle in die Form einfacher Lieder voll heiliger Würde,
lieblicher Einfalt und stiller Erhabenheit zu fassen mußte. Und
auch die entsprechende Singweise dazu ward von der Kirche
gefunden. Insbesondere ist es Ambrosius, Bischof von
Mailand, welcher unter Anwendung der griechischen Tonarten
eine neue Weise des Gesanges schuf, eines Gesanges mit
rhythmischer Betonung und reicher melodischer Bewegung.
Anfangs war auch der Hymnengesang Sache des Chors
gewesen, aber durch Ambrosius ward er überdieß Eigenthum
der Gemeinde und dadurch erhielt die ihm zum Theil eigne,
schon von Ignatius (um 100) stammende Form des Wechsel=
gesangs eine neue Schönheit und Bedeutung. Darüber er=
zählt Augustin in seinen Bekenntnissen (9, 7): „Als neulich
die Mutter des Kaisers Valentinian, Justina, eine Arianerin,
den Bischof Ambrosius verfolgte, verblieb das ganze Volk die
Nacht hindurch in der Kirche, bereit mit ihrem Bischof zu
sterben. Um dem Volke nun den Kummer zu erleichtern,
wurden nach Art der morgenländischen Kirchen Hymnen und
Psalmen gesungen. Und diese Sitte wurde auch nachher noch
beibehalten und in vielen, fast allen abendländischen Kirchen
nachgeahmt."
Diese Gesänge wurden nun alle bloß einstimmig gesungen.
Doch lag in ihren Weisen eine hocherbauliche Kraft, wie wir

dieß aus dem mächtigen Eindruck erkennen, den sie hervor=
brachten. So wird unter Anderm erzählt, daß Athanasius den ver=
folgenden Soldaten nur dadurch entging, daß die Soldaten,
von dem schönen Gesang der Kirche ergriffen, nicht wagten,
in dieselbe einzudringen, und Athanasius nun entfliehen konnte.

Und Augustin sagt in seinen Bekenntnissen: „Wie weinte
ich bei den Lobgesängen und Liedern deiner Gemeinde! Mit
ihren Stimmen floß deine Wahrheit, o Gott, in mein Herz,
das Gefühl der Andacht entbrannte davon, es flossen Thränen
und doch war mir so wohl dabei" (9, 6).

Der kirchliche Gesang verblieb jedoch leider nicht in seiner
ursprünglichen Reinheit. Denn wenn man auch, um die
Eitelkeit vom Gotteshause fern zu halten, weder Solo=Gesang
noch Frauenstimmen zur Ausführung des Chorgesangs zuließ,
so hören wir doch bereits Chrysostomus und Hieronymus
Klage darüber führen, daß er sich ins Gekünstelte und Thea=
tralische verliere. Der Gemeindegesang aber wurde, zum Theil
in Folge dieser einseitigen falschen Pflege des Chorgesangs,
hauptsächlich aber unter dem verwildernden Einfluß der Völker=
wanderungen, immer mehr vernachlässigt, und es riß eine
zunehmende Rohheit desselben ein, worunter die Würde der
Kirche und die Erbauung der Gemeinde litt. Dieß bewog
Gregor den Großen, die Gemeinde vom Kirchengesang
auszuschließen und ihn ganz dem Klerus zu übertragen — wie
solches auch mit den erstarkenden hierarchischen Tendenzen
jener Zeit in Uebereinstimmung stand. Den klerikalen Gesang
selbst aber führte er auf die größte Einfachheit zurück. Nicht
nur fehlte demselben die Harmonie der Mehrstimmigkeit, son=
dern überdieß Metrum und Rhythmus, indem alle Noten von
gleichem Werthe waren. (Nur bestand dabei ein Unterschied
zwischen dem Vortrag des Priesters, welcher mehr ein Singend=

Sprechen auf Einen Ton mit bestimmten Cadenzen war [accentus], und zwischen dem Gesange des Gesammt-Chors [concentus], welcher sich in eigentlichen Melodieen bewegte, jedoch gleichfalls Metrum und Rhythmus ausschloß [cantus choralis, planus]). Die Eigenthümlichkeit des Gregorianischen Gesangs besteht in einer besonderen Feierlichkeit, worin sich beides, die Erhabenheit des Heiligen und die feste Auktorität der Kirche vereinigen. Während im Ambrosianischen Gesange die Volksthümlichkeit vorwaltet, so trägt der Gregorianische Choral (wie man ihn als Sache des Chors nannte) einen bestimmt priesterlichen Charakter. In jenem ist der allgemein-katholische, in diesem der römisch-katholische Typus zum Ausdruck gekommen. Und ist dort das Weltliche im Dienste der Kirche verklärt, so ist es hier als Unheiliges von der Kirche ausgeschieden.

Diese Gesänge stellte nun Gregor der Große unter Verwendung des bisher Kirchlich-Ueblichen für alle Theile des Gottesdienstes fest (cantus firmus). Und hiebei war er einerseits bemüht, den Gesang auch theoretisch zu bessern, indem er zu den bisherigen 4 Kirchentonarten noch 4 weitere hinzufügte und in den sog. Neumen eine angemessenere musikalische Schreibweise einführte. Anderseits aber suchte er durch Einrichtung von Schulen diese Weise des Kirchengesangs zu pflegen und zu üben und über die ganze abendländische Kirche zu verbreiten. Bekannt ist, wie ihn besonders Karl der Große hierin unterstützte, indem er eigens Sänger aus Rom an seinen Hof kommen ließ und Musterschulen für Kirchengesang gründete. Gab er selbst doch dazwischen Chorknaben an seinem Hofe darin Unterricht und betheiligte sich, wenn er in eine Stadt kam und dem Gottesdienste beiwohnte, mit seinen Söhnen an dem Gesang der Kirche.

Das Mittelalter trug zur Bereicherung des hymno=
logischen Stoffes noch durch mehrere herrliche Dichtungen
bei, wie ich nur erinnern darf an die Antiphone von Notker:
«Media vita in morte sumus», die in dem deutschen Liede:
„Mitten wir im Leben sind mit dem Tod umfangen" wider=
klingt, an den Hymnus des Bernhard von Clairvaux auf die
Gliedmaßen Jesu, daraus unser evangelisches Lied: „O Haupt
voll Blut und Wunden" hervorgegangen, und an die unüber=
treffliche Sequenz: «Dies irae, dies illa», welcher unser Kir=
chenlied: „Es ist gewißlich an der Zeit", aber in anderem
Metrum, nachgebildet ist. Außerdem würden sich auch die
vielen herrlichen deutschen Lieder aus dem 14. und 15. Jahr=
hundert für den gottesdienstlichen Gebrauch dargeboten haben,
wenn nicht nach römischen Principien jedes deutsche Lied von
der Messe ausgeschlossen wäre. Nur Ein Lied hat sich das
deutsche Volk für die Messe errungen, das Osterlied: „Christ
ist erstanden von der Marter alle".

Aber wichtiger als dieser Zuwachs an Lied=Material für
den kirchlichen Gesang ist die innere Durchbildung des Ge=
sanges selbst, die sich im Laufe des Mittelalters vollzog.
Der Gregorianische Gesang kennt Harmonie noch nicht; er ist ein
unisoner ernster Gesang in gleich langen Noten mit einfacher
Melodie. Der erste Anstoß zur Mehrstimmigkeit ergab sich
dadurch, daß man bei dem Halleluja der Messe sich versucht
fühlte, über den länger angehaltenen Noten der Schlußsilbe
„ja" allerlei musikalische Figuren anzubringen, die sich als
abweichender Gesang (Diskant) um die feste Grundstimme
(Tenor) bewegten. Da jene natürlich mit diesem Grundton
zusammen stimmen mußten, so bildeten sich die Anfänge der
Harmonie. Aehnlich war's beim Amen und an einigen an=
deren Stellen. Desgleichen wurde mit der Zeit die Länge

und Kürze der Silben bestimmter festgestellt und der Takt
erfunden, wodurch Mannigfaltigkeit der Bewegung in der
Einheit des Tonganzen, wodurch der Rhythmus möglich wurde.
So ist der Mensuralgesang (im Gegensatz zum Gregorianischen Choralgesang) entstanden. Von der Zweistimmigkeit
schritt man zur Mehrstimmigkeit fort, indem man Harmonieen-
folgen in reinen Accorden bilden lernte — eine Kunst, die
man als Contrapunkt bezeichnete, weil man zur Hauptstimme
die begleitenden Stimmen in einen entsprechenden harmonischen
Gegensatz, somit Punkt gegen Punkt, d. i. Note gegen Note
setzte.

So hatte sich eine ganz neue Weise der Musik gebildet,
welche einen viel bewegteren, freieren, reicheren und lieblicheren
Charakter hatte, als die Monotonie des Gregorianischen Gesangs. Päpstliche Erlasse suchten diesen Ausschreitungen der
Musik, wofür man sie ansah, zu steuern. Allein die Freude
über diesen Fortschritt der Tonkunst war zu groß, als daß
man den dadurch errungenen Gewinn an musikalischer Schönheit hätte für die Kirche unbenützt lassen können. Besonders
in den Niederlanden fand diese neue Kunst begeisterte Pflege:
Roland Laß (genannt Orlando di Lasso) bildet den Höhepunkt
der damaligen Entwicklung kirchlicher Musik. Jedoch war
diese Kunstrichtung durch einseitiges Streben nach formeller
Vollkommenheit theilweise wieder in zu große Künstlichkeit
gerathen, so daß die Synode von Trient damit umging, diesen
Kunstgesang für die Kirche gänzlich zu verbieten, und der
Papst Marcell solchen Beschluß schon zu bestätigen im Begriff
stand. Da rettete Palestrina den kunstmäßigen Gesang aus
der drohenden Gefahr, indem er einen neuen Styl einführte,
der vor Allem die Ideen und Gefühle des Heiligen zum Ausdruck zu bringen suchte und der durch seine einfache Erhaben-

heit und reine Schönheit auch wirklich dem heiligen Wesen der kirchlichen Feier entsprach, so daß er eben wegen solcher Vereinigung von künstlerischer Größe und ächter Kirchlichkeit mit Recht als klassischer Kirchenstyl bezeichnet wird. Palestrina ist für die kirchliche Tonkunst geworden, was ein Fiesole für die heilige Malerei gewesen.

So war denn in der römischen Kirche der Dienst der Tonkunst für den Cultus in der umfassendsten Weise begründet. Die ganze Messe insonderheit ward dadurch ein Kunstwerk heiligen Gesangs in seinen verschiedenen Arten und Formen. Der Priester selbst hielt alle Altarhandlungen: den Lobruf des Gloria, das Bittgebet der Collekte und das Dankgebet der Präfation, die Versikeln und selbst die biblischen Lektionen, je in dem für jede Handlung geordneten feststehenden Leseton. Und der Chor antwortete theils ein=, theils mehrstimmig, theils in kurzen Responsen, theils in längeren Stücken wie im Gloria, im Credo, im Sanktus, theils nach bestimmten festen Melodieen wie im psalmodischen Introitus, theils in freien musikalischen Schöpfungen wie meist im Kyrie und Gloria, im Sanktus und Agnus. Desgleichen wie die Messe bildeten auch die einzelnen Horen ein mannigfaches organisches Ganzes heiliger Musik, und zumal waren in besondere Feiern, wie in die der Passion, die ergreifendsten Weisen eingeflochten, als da sind die Responsorien, die Miserere, die Lamentationen, die Adoramus und andere ähnliche tiefernste Gesänge. Was aber dieses gottesdienstliche musikalische Drama vollends abrundete, war, daß die Orgel, die bei ihrer ersten Ueberführung aus dem Morgen= ins Abendland noch sehr unvollkommen gewesen, während des Mittelalters die nöthige Ausbildung erfuhr, um nicht blos zur Intonation und zur Begleitung des Chors zu dienen, sondern auch je nach den

liturgischen Stellen ein selbständigeres Mittelglied für kirch=
liche Handlungen zu bilden.

Die Tonkunst hatte so im Dienste des Cultus die höchste,
reichste Sphäre für die Offenbarung ihrer innern Herrlichkeit
gefunden. Und dem gottesdienstlichen Leben selbst war wieder
durch solchen Dienst heiliger Kunst seine edelste Ausprägung
zu Theil geworden.

Es könnte demgemäß scheinen, als sei hiemit die voll=
kommenste Form einer musikalischen Ausgestaltung des gottes=
dienstlichen Lebens erreicht. Und doch ist dem nicht also.
Denn es fehlte das Wesentlichste: die aktive Betheiligung
der Gemeinde an der musikalischen Ausführung der
Feier. Die Gemeinde — in den Meßbüchern nur Volk,
Volkshaufe genannt — wohnte der Messe schweigend bei, in=
dem sich jeder Einzelne während derselben aus seinem Meß=
buch mit darauf bezüglichen Gebeten erbaute. Nur an wenigen
Stellen wurde ihre Andacht laut, und nur in Nebengottes=
diensten sang sie ein und das andere Lied. Sonst aber war
die Gemeinde durch die Ministranten und den Chor vertreten.
Der Gregorianische Gesang, der Gesang des Chors, hatte
zwar seine Vollendung gefunden, aber der Ambrosianische,
der Volks= oder Gemeindegesang blieb aus dem Hauptgottes=
dienste der Messe verwiesen.

Dieß stand in Widerspruch mit den Principien der
Reformation. Denn nach evangelischer Anschauung und
Lehre bringt im Gottesdienst nicht der Priester Gott ein
Opfer für die Sünden der Gemeinde dar, sondern die Ge=
meinde erbaut sich anbetend aus Gottes Wort und durch die
Feier des heiligen Mahles Christi — dieß ist der Sinn der
deutschen Messe, wie Luther im Gegensatz zur römischen
Messe den Hauptgottesdienst nannte. Und wenn nun der

Geiftliche der Gemeinde die Gaben von Wort und Sakrament
darreicht und ihre Gebete vor Gott darbringt, da ift es natur=
gemäß, daß sie jene Gaben mit Dank und Lob empfängt und
diese Opfer des Gebetes mit ihrem Flehen begleitet, und beides
soll zum angemessenen liturgischen Ausdruck kommen. Außer
kurzen Responsen aber dient hiezu insonderheit das Gemeinde=
Lied, diese „concentrirte Lyrik in ihrer keuschen Einfalt und
ernsten Größe". Deßhalb hat Luther, nach dem theilweisen
Vorgang der Böhmischen Brüder, von Anfang an darauf
Bedacht genommen, daß gewisse Stücke des Gottesdienstes,
wo nicht schon Lieder dafür vorhanden waren, in Liedform
gebracht wurden, um von der Gemeinde selbst im Gesang
ausgeführt zu werden. Hiernach wurde der Gottesdienst be=
gonnen mit: „Komm heiliger Geist, Herre Gott" und vor der
Predigt pflegte man: „Nun bitten wir den heiligen Geist"
zu singen. Das Gloria wurde in das Lied: „Allein Gott in
der Höh sei Ehr" gewandelt, das Credo in: „Wir glauben
all an einen Gott", das Sanktus in: „Jesaia dem Propheten
das geschah", das Agnus in: „Christe, du Lamm Gottes" und
„O Lamm Gottes unschuldig". Und die Abendmahlsfeier
wurde mit „Gott sei gelobet und gebenedeiet" beendigt, der
übrige Gottesdienst mit „Erhalt uns Herr, bei deinem Wort"
und „Verleih uns Frieden gnädiglich". Deßgleichen wurde das
Gemeindelied auch in den Nebengottesdiensten verwendet, und
zumal traten an den Fest= und Feiertagen bestimmte Lieder
in ständiger Weise ein. So war die Gemeinde auf das man=
nigfaltigste mit ihrem Lied am Gottesdienste betheiligt. Außer
im Liede aber trat sie auch sonst in die gottesdienstliche
Handlung mit ein, indem sie die Gebete und den Segen mit
ihrem Amen bekräftigte, indem sie das Kyrie des Chors mit
ihrem „Herr, erbarme dich" beantwortete, den Gruß des

Geistlichen erwiederte, die Nebengottesdienste mit ihrem „Gott sei ewiglich Dank“ abschloß und so noch in anderer Weise.

Jedoch war es keineswegs die Meinung der Reformatoren, durch diese Pflege des Gemeindegesanges den Chorgesang verdrängen zu wollen. Ist ja bekannt, wie Luther die Gesänge von Senfl und Hans Walther hoch hielt, und die Mehrstimmigkeit des Contrapunktes bewunderte in den treffenden Worten: „wie da Einer eine schlichte Weise einhersingt, neben welcher 3, 4 oder 5 andere Stimmen auch gesungen werden, die um solche schlechte, einfältige Weise gleich als mit Jauchzen rings umher spielen und springen und mit mancherlei Art und Klang dieselbe wunderlich zieren und schmücken und gleichwie einen himmlischen Tanzreihen führen, freundlich einander begegnen und sich gleichsam herzen und lieblich umfangen“. Aber es sollte der Chor allerdings nicht an die Stelle der Gemeinde treten, sondern sich mit ihr harmonisch verbinden, indem er theils neben ihr, theils im Wechsel mit ihr wirkte und in beiden Fällen das eigentliche Kunst=Element im Gottesdienste vertrat. Da war ihm denn das reichste Feld der Thätigkeit eröffnet. Ohnehin blieb der Chor in den Nebengottesdiensten der Mette und Vesper zum größten Theil in seinem alten Rechte, da dieselben im Wesentlichen zwischen dem Geistlichen und dem Singchor vollzogen wurden, und die Gemeinde nur an etlichen Stellen mit ihrem Liede eintrat. Aber auch im Hauptgottesdienste wurde ihm eine große, vielseitige Aufgabe zugewiesen. Er sang den aus alttestamentlichen Stellen gebildeten Introitus, das Kyrie und das «Et in terra» zum «Gloria in excelsis», d. i. die zweite Hälfte des englischen Lobgesangs: „Fried auf Erden und den Menschen ein Wohlgefallen“, ferner das Halleluja zwischen den biblischen Lektionen, anfangs selbst das ganze Glaubensbekennt=

niß, die Responsen in der Präfation, das Sanktus und Agnus, wenn es nicht der Gemeinde zugetheilt wurde, und viele andere liturgische Gesänge. Vornehmlich breitete sich sein Gesang im sogenannten Graduale aus, welches mit dem Halleluja zwischen den Lektionen in Verbindung stand, sowie während der Distri= bution, wo der Chor Choräle und andere Gesänge in mehr= stimmigem Tonsatz ausführte. Eine Hauptstelle aber für das Zusammenwirken des Chors mit dem Geistlichen und der Gemeinde war gegeben in den besonderen Feiern als da sind die Christmette und die heilige Passion. Wie feierlich wurde doch die Christmette begangen! Den Hauptgesang bildete der sogenannte Quempas, nämlich das lateinische Lied, begin= nend mit: «Quem pastores laudavere», zu deutsch: „Den die Hirten lobten sehre", wozu sich die Kinder, meist als Engel gekleidet und mit Wachslichtern in der Hand, an vier Orten der Kirche aufstellten und die vier Zeilen des Liedes und jeden Verses gegeneinander sangen, der Gesammt=Chor aber auf jeden Vers mit dem «Nunc angelorum gloria» (Heut sind die lieben Engelein) antwortete. Dann fanden Wechselgesänge zwischen Chor und Gemeinde statt, indem etwa der Chor das Lied: Resonet in laudibus (Singet frisch und wohlgemuth) und die Gemeinde: «In dulci jubilo» (Nun singet und seid froh) wechselweise Vers um Vers sangen, der Chor mehr= stimmig, die Gemeinde einstimmig mit Chor= oder Orgelbeglei= tung. Und ebenso geschah es mit noch andern Liedern, während die Orgel, wie es in den alten Cantionalen heißt, dazwischen präambulirte, das Ganze aber durch die Handlungen des Geist= lichen in Lektionen, Gebeten u. s. f. zusammengehalten und liturgisch geordnet war.

Auch in der Feier der heiligen Passion sehen wir den Chor auf sehr lebendige, selbst dramatische Weise in die Hand=

lung eingreifen. Es war herkömmlich, die Geschichte der
Passion so zu lesen, daß die Stimme des Evangelisten ihren
eigenen liturgischen Gesangston hatte, und die Stimme Jesu
einen andern und die der Jünger sowie die des Volkes wieder
einen anderen. Aber damit begnügte man sich noch nicht.
Zwar den Evangelisten ließ man den Text nach seinem liturgischen Ton im Unisono singen; aber für alle Uebrigen wählte
man einen mehrstimmigen Vortrag, indem etwa die Person
Jesu vierstimmig durch einzelne Chorstimmen, die des Petrus
und des Pilatus dreistimmig, die der Mägde zweistimmig vor-
getragen, die Stimme des Volkes hingegen vom ganzen Chor
vier- oder fünfstimmig gesungen wurde. Am Gründonnerstag
und Charfreitag kamen dann noch die Passions-Responsorien,
das Miserere, das Adoramus und die Lamentationen nebst andern Gesängen mit ihren besonderen ergreifenden Weisen hinzu.
Und die Orgel trat überall als Bindeglied ein, so wie zur
Begleitung des Gemeindegesanges.

Hieraus erhellt, einen wie reichen Gebrauch die evangelische Kirche in ihrem ersten Jahrhundert von der Musik für
ihre Gottesdienste machte, und wie dieselben hiedurch eine
nicht geringe Verherrlichung erfuhren. Auch war es Musik
der edelsten Art, ebenso rein und kunstvoll als in ächt kirchlichem Styl gehalten. Denn in jener selben Zeit, wo die Tonkunst in der katholischen Kirche durch Palestrina und seine
Schüler Anerio, Allegri, Vittoria ihren Höhepunkt erreicht
hatte, erlebte sie auch in der evangelischen Kirche ihre Blüthe
in Meistern, die jenen ebenbürtig waren, in Schröter, H. Leo
Haßler, Joh. Eccard, Mich. Prätorius und Andern.
Aber das 17. Jahrhundert bezeichnet den Uebergang zu einer
neuen Kunstrichtung, die gleichfalls von Italien, durch Gabrieli
ausging und sich nach Deutschland verpflanzte. Bisher war

nämlich die Hauptform des Kirchengesangs in der Motette
bestanden, wo sich um die Melodie der Grundstimme die an=
deren harmonisch in einfacherer oder kunstvollerer Weise be=
wegen; und in der evangelischen Kirche bediente man sich ihrer
vornehmlich dazu, um durch solche figurirte Behandlung den
Choral, das Gemeindelied, zu verlebendigen und seine innere
Schönheit zu klarer, reicher Entfaltung zu bringen. Nun aber
nahm der Kunstgesang die Form des Concertes an (dieß
Wort in seinem weiteren Sinne genommen), d. h. jene Form,
wornach sich abgeschlossene Reihen von Tonbildern folgen und
die Grundgedanken der Melodie in immer neuen Weisen und
mit wechselnden Mitteln dargestellt werden. In der evange=
lischen Kirche wählte man hiefür am liebsten Sprüche der
heiligen Schrift, meist solche, welche den Grundgedanken vom
Evangelium des jeweiligen Sonntags und Festtags zusammen=
faßten, so daß der Chorgesang als musikalische Verklärung
dieses Schriftabschnittes diente. So namentlich Vulpius und
Melchior Frank. Noch weiter aber gingen Heinrich
Schütz, Hammerschmidt u. A., indem sie Sprüche und
Lieder zu einem geistlichen Gespräch mit einander verwoben.
Offenbar ist hierin ein musikalischer Fortschritt anzuerkennen.
Allein die Sache hatte doch auch ihre Schattenseiten. Denn
hiedurch emancipirte sich der Chorgesang allmählich vom
Gemeindegesang zu freier Selbständigkeit und die Folge
war, daß dieser hinfort nicht mehr vom Chor, sondern nur
von der Orgel begleitet wurde. Dieß war aber von nach=
theiligem Einfluß für beide: für den Gemeindegesang und
für den Chorgesang.

Was jenen, den Gesang des Gemeindeliedes betrifft,
dessen Melodieen theils aus den lateinischen Hymnen stammten,
theils aus dem deutschen Volksgesang entnommen waren, theils

frei geschaffen wurden, so war in ihnen mit hohem, feierlichem
Ernst zugleich große Lebendigkeit vereinigt, welche aus dem
ihnen eigenen Rhythmus entsprang. Und diesen Charakter
tragen auch meistens noch die um die Mitte des 17. Jahrhunderts aus dem Heermann'schen, Rist'schen und Paul Ger-
hardt'schen Sängerkreise entstandenen Lied-Melodieen von Crü-
ger, Schop und Ebeling. Aber diese Vorzüge gingen durch
jene zwischen Chor- und Gemeindegesang eingetretene Verän-
derung zum großen Theil verloren. Denn theils die Schwer-
fälligkeit der Orgel, theils der Gegensatz zum figurirten Chorgesang bewirkte, daß man den Gemeindegesang seines ursprünglichen Rhythmus entkleidete und alle Noten desselben gleich
lang hielt und gleich langsam spielte. (Daher der Name
Choral, der dafür aufkam.) Und dieser Uebelstand wurde
dadurch nicht beseitigt, daß die nachfolgende pietistische Zeit
im Gegensatz zu den bisherigen „altfränkischen" Weisen „ga-
lante" einführte, üppige, hüpfende, tanzende Melodieen, die
man zum Theil selbst weltlichen Liedern entlehnte. Denn
hierin mochte wohl das erregtere subjektive Glaubensgefühl
Einzelner seinen Ausdruck finden, aber nicht der ernste Glau-
benssinn der Gemeinde. Ebensowenig konnten dem Uebel
abhelfen die in Folge des langsamen, monotonen Vortrags
der Lied-Melodieen eingeführten Zwischenspiele zwischen den
einzelnen Zeilen. Vielmehr mußten dieselben vollends noch
die Einheit der Melodie zerreißen und so den Gemeindegesang
ganz unerbaulich machen. Und auch andere äußerliche künstliche Mittel konnten nichts fruchten, wie wenn man abwechselnd
den einen Vers leise, den andern laut spielte, für jeden Vers eine
andere Begleitung wählte und allerlei Rührungen damit ver-
knüpfte. Dadurch wurde der Schaden nur aufgedeckt, nicht geheilt;
der verlorene Rhythmus konnte dadurch nicht ersetzt werden.

Wie hiernach der Gemeindegesang, so nahm auch der Chorgesang in Folge der oben angegebenen Losreißung desselben vom Gemeindeliede eine, nur aber in entgegengesetzter Weise ungünstige Entwicklung. Um die Mitte des 17. Jahrhunderts nämlich fing man an, die Arie in die heilige Musik aufzunehmen. Und indem man dieselbe mit den anderen musikalischen Formen, dem Recitativ, dem Duett und dem Chor in Verbindung brachte, entstand daraus das Singspiel, die opernhafte Gestalt der Musik. Auch dazu war wieder die Anregung von Italien ausgegangen, durch Carissimi, dessen Richtung in geistvoller Weise fortgesetzt wurde von Scarlatti, Caldara,.Durante, Leo, und in noch freiërer, aber nicht minder bedeutender Weise von Lotti, Marcello u. A. Diese dramatische Richtung mußte die Musik allmählich der Kirche entfremden. Und so ging auch wirklich aus ihr die Oper hervor, welche anfangs noch geistliche Stoffe behandelte, jedoch bald ganz in weltlichen Dienst überging. Wo man aber den edlen, ernsten Ton bewahrte und sich noch an biblische Stoffe anschloß, da bildete sich das Oratorium, worin bekanntlich Händel Werke von unvergänglichem Werthe schuf. Und selbst noch enger suchte man den Styl des musikalischen Drama mit dem gottesdienstlichen Leben in Verbindung zu erhalten. Dieß geschah vornehmlich und in den herrlichsten Schöpfungen durch Seb. Bach, den größten kirchenmusikalischen Genius des 18. Jahrhunderts. Er that es theils in seinen Passions-Musiken, welche aus dem alten kirchlichen Vortrag allmählich in den concertmäßigen übergegangen waren, theils in seinen Cantaten, die er für alle Sonn- und Festtage componirt hat*). In diesen Werken hat die heilige Tonkunst die höchste

---

*) Bach hat an 300 Cantaten, 5 vollständige Jahrgänge, geschrieben und außerdem noch etwa 40 für andere Gelegenheiten.

Stufe der Vollendung erstiegen, aber sie hat zugleich aufge=
hört, Sache des Gemeindegottesdienstes zu sein, sie ist zum
freien Concert geworden. Denn einentheils waren diese
Gesänge nicht mehr organisch mit den einzelnen Gottesdiensten
verbunden, sondern lehnten sich höchstens nur noch an dieselben
an, wie z. B. Bach's Passionen zur Hälfte vor, zur Hälfte
nach der Nachmittagspredigt ausgeführt wurden, anderntheils
sprechen diese Gesänge die heiligen Gefühle nicht mehr in dem
Sinn und Maße einer feiernden Gemeinde aus, sondern
sie führen die Seele in der freiesten Weise durch alle Stufen
subjektiver Empfindung hindurch vom tiefsten, leidenschaftlichen
Schmerze bis zur höchsten, jubelnden Freude. Daher reichte
auch für die musikalische Darstellung die frühere Form des
rein vokalen Satzes (alla capella) nicht mehr aus, sondern es
wurden zum erhöhten Ausdruck der Gefühle alle Arten von
musikalischen Instrumenten mit in Anspruch genommen.
Und unter den Einfluß dieses Instrumentalismus ist auch die
ganze folgende Entwicklung des Kirchengesangs getreten, wie
sich derselbe bis in die Neuzeit, selbst bei den vorzüglichsten
Meistern verspüren läßt. Die Orgel aber, welche durch
Männer wie Pachelbel und besonders Seb. Bach zu ihrer
künstlerischen Höhe und insonderheit zur vollendeten Behand=
lung des Chorals gelangt war, ist gleichfalls je mehr dieser in
Subjektivismus, ja zur Weltlichkeit ableitenden Richtung gefolgt
und hat sich hiemit, statt im Gottesdienste zu dienen, ganz der
Neigung hingegeben, eine selbständige Rolle darin zu spielen.

Blicken wir nun auf den Stand der kirchlichen Musik,
wie er in den Anfängen unsers Jahrhunderts auf uns
gekommen — unter Absehen von dem, was in neuer Zeit zur
Besserung bereits versucht worden ist — so bietet er im Gan=
zen kein sehr erfreuliches Bild dar.

Die Gemeinde betheiligte sich am Gottesdienste fast nur im Liede, indem sie das Amen und ähnliche Responsen dem Geistlichen oder dem Chore überließ. Und der Liedgebrauch selbst beschränkte sich meist auf das Eingangslied, das Predigt= lied und das Schlußlied, das überdieß aus dem letzten Vers des Predigtliedes zu bestehen pflegte. Da nun das Predigt= lied allsonntäglich wechselt, so lernten die Gemeinden nur wenige Lieder gut singen. Und die sie kannten, sangen sie, Ton um Ton gleich lang und gleich langsam gehalten, und wohl noch überdieß die Melodie durch Zwischenspiele unter= brochen und zerrissen. Leider ist es so großentheils selbst heute noch in vielen Gegenden und Landeskirchen geblieben.

Der Chorgesang ferner war meistens ganz aus der Kirche geschwunden und seine Stelle vertrat nur ein Schüler= chor, welcher von seiner Weise des Gesangs den Namen „Kreischbuben" führte. Wo sich aber mehrstimmiger Chor= gesang erhalten hatte, da sind es nicht die heilig=ernsten kirch= lichen Weisen, in denen er sich bewegte, sondern es sind Ge= sänge im Oratorien= oder selbst im Opernstyl, Gesänge mit sentimentalen Accordengängen und in gedehntem oder leiden= schaftlichem Pathos, die sich vom weltlichen Gesang nur durch ihren geistlichen Text unterschieden. Auch griff der Chor nicht als organisches Glied in das Handeln des Geistlichen und der Gemeinde ein, sondern trat an Stellen des Gottesdienstes, die am meisten Raum für ihn boten, in concertmäßiger Weise auf, um für das Gefühl ein Gegengewicht zu bieten gegen den Doktrinarismus der Predigt. Und fast ist es deßhalb nur löblich zu nennen, wenn man einen solchen verweltlichten, entarteten Chorgesang großentheils gänzlich aus der Kirche entfernt hat.

Hingegen ist an die Stelle des Chorgesangs die Orgel

getreten, welche in der Meinung, die Lücken in der Liturgie ausfüllen zu sollen, die Gemeinde durch lange Orgelstücke geist= lich zu unterhalten suchte, aber in der Regel nichts anders als Stücke aus Oratorien oder Opern zu bringen wußte, und nicht selten in ihrem Spiele Empfindungen aussprach, deren sich die Gemeinde, wenn sie in's Wort gefaßt wären, am heiligen Orte schämen würde. (Möchten wir sagen können, daß dieß alles heute bereits anders geworden ist!)

Fürwahr es that Noth, ernstlich auf eine Besserung unsrer kirchlichen Musik Bedacht zu nehmen. Und allerdings hat man in den letzten paar Jahrzehnten an verschiedenen Orten angefangen, derselben besondere Aufmerksamkeit zuzu= wenden. In einzelnen größeren Städten sind selbst eigene Kirchenchöre gegründet worden, und es regt sich in vielen Theilen unsrer evangelischen Kirche ein gewisser Eifer, durch Gründung von Kirchengesang=Vereinen einen besseren musika= lischen Zustand unsers gottesdienstlichen Wesens herbeizuführen. Allein theils sind es nur vereinzelte Bestrebungen, theils fehlt es vielfach an der rechten Einsicht in die eigentliche Aufgabe, theils schlägt man Wege ein, welche, wenn man sie weiter verfolgt, selbst mehr vom kirchlichen Leben ablenken können, statt es zu fördern.

Wenn wir nun dazu übergehen, die Aufgabe selbst be= stimmter festzustellen, welche die Tonkunst im Cultus der evan= gelischen Kirche zu lösen hat, so müssen wir die Frage nach dem Gesang des Geistlichen, welcher sich zum Theil in unserer Kirche erhalten hat, bei Seite liegen lassen, da sie sich nicht in Kürze beantworten läßt. Und wir können es um so mehr, als sich's beim Geistlichen nicht um eigentlichen Gesang handelt — dieß ist Sache des Cantors —, sondern blos um ein Singend=Sprechen, um ein Sprechen im Gesangston.

Nur das sei hier bemerkt, daß da, wo man den Sprechgesang des Geistlichen festhält, durch Seminarien auch dafür gesorgt werden müsse, daß die Geistlichen die angemessene, richtige, würdige Vortragsweise gelehrt werden. Denn wie die Sache gegenwärtig steht, so schwankt derselbe noch allzusehr zwischen einer rohen und einer gezierten Weise, die beide gleich unerbaulich sind.

In erste Linie tritt für uns der Gesang der Gemeinde. Und hier kommt wieder zunächst in Betracht das gottesdienstliche Gemeindelied. Denn das Lied ist die naturgemäße Weise, wie die Gemeinde mit eigenem Munde ihre heiligen Gefühle in Betrachtung und Gebet, in Bitte und Lobpreis zum Ausdruck bringt. Zu wünschen wäre nun vor Allem, daß man zu den ursprünglichen Singweisen der Melodie zurückkehre, und den Liedern, welche in bewegterem Rhythmus gebildet sind, denselben belasse, soweit er nicht zu künstlich ist und etwa blos für den Singchor berechnet gewesen. Denn der Rhythmus ist in der Melodie, was das Metrum für das Lied ist (ebenso wie dem Reime die Harmonie des Tonsatzes entspricht). Und wenn zugleich jedes Zwischenspiel zwischen den einzelnen Verszeilen (für manche Organisten möchte man hinzufügen: „und den Versen selbst") wegfällt und das Tempo bei aller Feierlichkeit des Gesanges doch so rasch genommen wird, daß die Melodie klar und lebendig in's Ohr dringt, dann wird der Choral eine unversiegliche Quelle hoher Erbauung für die evangelische Kirche bleiben. Was aber die gottesdienstliche Verwendung betrifft, so entspricht es dem Bedürfniß der feiernden Gemeinde, daß sie sich in einem Eingangsliede zur Feier sammle, sowie auch, daß sie die Feier mit einem Liede, d. i. einem Liedervers des Gelöbnisses und Preises beschließe, und es muß als ein Mangel bezeichnet

werden, wenn die Gemeinde nach dem Akte der Anbetung nicht
mehr zur eigenen Aktion kommt.   Ferner eignet sich das Lied,
wie es auch allgemein üblich ist, zum Uebergang auf die
Predigt, aber nicht minder auch zum Abschluß derselben, doch
also daß es sich unmittelbar an die Predigt selbst als Be-
kenntniß und Gelöbniß anschließe, daß nicht aber erst noch
Abkündigungen oder gar das allgemeine Kirchengebet dazwi-
schentreten, nach welchem ein Liedervers den Predigt-Inhalt
noch einmal aufnehmen soll.   Jedoch auch darauf sollte sich
die Gemeinde nicht beschränken, sondern gleichwie nach refor-
matorischem Vorgang die Gemeinde das Gloria des Geistlichen
mit dem Liede „Allein Gott in der Höh' sei Ehr" fortsetzt,
so ist es gleicherweise angemessen, daß — und auch dieß nach
dem Vorgang der Reformation — die Gemeinde an die biblische Lesung ihren Liedgesang als sogenanntes Graduale anschließe.   Nur sollte dann nicht während dessen der Geistliche
in die Sakristei zurückkehren, als ob dieser Gesang ein Stück
für sich wäre, sondern er müßte in der Kirche verbleiben, sei
es, wenn nur ein einzelner Vers gesungen wird, am Altare
selbst, oder wo, wie an Festtagen, dahin das Hauptlied fällt,
neben dem Altare auf einem dazu geeigneten würdigen Sitze
(wie solches im katholischen Cultus bei längeren Chorgesängen
zu geschehen pflegt).   Wenn dann ferner, wie es das Kirchlich-
Geziemendste ist, das Kirchengebet am Altare gehalten wird,
auf der Kanzel dagegen nur die Abkündigungen stattfinden,
die dann vom Kirchengebet aufgenommen werden, so ergibt
sich die weitere Nothwendigkeit, diesen Gebetsakt mit einem
Gemeindelied als evangelischem Offertorium einzuleiten, und
wenn man vollends dem Fürbittengebet, wie es das Bedürfniß
einer gläubigen Gemeinde fordert, im communionlosen Gottesdienste ein selbständiges Gebet der Danksagung vorausgehen

läßt, so bildet den angemessenen Uebergang von diesem zu jenem ein Vers des Preises seitens der Gemeinde, welcher dem Sanktus in der Abendmahlsfeier entspricht. In der Abendmahlsfeier selbst aber dient als Offertorium gleichfalls ein Liedgesang der Gemeinde, wie „Schmücke dich, o liebe Seele" oder „Schaffe in mir, Gott, ein reines Herze"; deßgleichen wird die Feier mit einem Liede, wozu sich als schönstes immer noch das altehrwürdige „Gott sei gelobet und gebenedeiet" darbietet, abgeschlossen, und ohnehin begleitet die Gemeinde die Darreichung der heiligen Gaben an die communicirenden Gemeindeglieder mit ihren Gesängen. In so reichem Maße kann sich der Liedgesang der Gemeinde über den Gang der Liturgie ausbreiten und in ihn sich einfügen.

Während aber die Abendmahlsgesänge der Gemeinde gemäß der Bedeutung dieser Feier vom Wechsel der kirchlichen Zeiten im Allgemeinen nicht berührt werden, sondern allzeit gleichmäßig wiederkehren, so ergeht hingegen um so dringender die Aufforderung, für die liturgischen Lieder des vorausgehenden, sowie des communionlosen Predigt-Gottesdienstes einen, durch die verschiedene Heilsbedeutung der einzelnen Fest- und kirchlichen Zeiten bedingten Wechsel eintreten zu lassen. Nicht blos sollen für die einzelnen Feste die besondern Melodieen festgestellt sein, und zwar die altherkömmlichen charakteristischen, wie an Ostern „Christ ist erstanden von der Marter alle", sondern es sollen auch an den betreffenden Orten der Liturgie, je in der Adventszeit, in der Epiphanien-, Passions- und Osterzeit und selbst in den Haupttrinitatiszeiten andere Liederverse mit anderen Melodieen eintreten und die ganze jeweilige Zeit hindurch von der Gemeinde gesungen werden. Wer erkennt nicht den großen Gewinn, der hieraus für das kirchliche Leben erwüchse! Denn einentheils wird die

jährliche Wiederkehr bestimmter Melodieen mit ihren Lieder-
versen das Gemüth der Gemeinde auf's lebendigste in den
Gnadengehalt jeder einzelnen kirchlichen Zeit einführen,
und anderntheils ist dieß der einfachste Weg, um einen größeren Reichthum von Melodieen in festem Besitz der Gemeinde zu erhalten. Man kann aber nicht etwa dagegen geltend
machen, daß hiemit des Liedgesangs für die Gemeinde zu viel
werde. Denn da sich's bei den liturgischen Liedern meist nur
um Einen Vers als Response handelt, während an anderen
Stellen allerdings die Gemeinde länger im Liedgesang ver-
weilen kann, so schwindet dieses Bedenken; und da jene liturgischen Liederverse je als entsprechende Erwiederung auf die besondere Handlung des Geistlichen dienen, so ist auch nicht zu
besorgen, daß dadurch etwas Unruhiges in den Gottesdienst
komme. Vielmehr lernt hiedurch die Gemeinde, ihre liturgische
Response selbst auszuführen und nicht dem Chor zu überlassen.

Und dieß sollte auch bei den übrigen Gemeinde-
Responsen, die keine liedförmige Weise haben, geschehen.
So singe die Gemeinde ihr Amen zu den Gebeten, und je
für gewisse Gebete sollten wieder andere, aber feststehende
Singweisen des Amen geordnet sein. Sie erwiedere das Kyrie
mit ihrem „Herr, erbarme dich!" sie singe zur Epistel das
Halleluja, sie antworte in der Abendmahlsfeier auf die Mahnung des Geistlichen: „Empor die Herzen" mit den Worten:
„Wir erheben sie zum Herrn", und auf die Mahnung: „Lasset
uns danksagen unserm Gott" mit den Worten: „Würdig ist
das und recht", und in das Lob- und Preisgebet der Präfation stimme sie ein mit dem Gesang des Dreimal-Heilig:
„Heilig, heilig, heilig ist der Herr Zebaoth! Alle Lande sind
seiner Ehre voll. Gelobt sei der da kommt im Namen des
Herrn! Hosianna in der Höhe!" — Und ebenso ergibt sich in

Nebengottesdiensten und selbst bei sonstigen kirchlichen
Handlungen mancher Anlaß, daß die Gemeinde ihre innere
Betheiligung an der Feier auch nach Außen im Gesang
kund gebe.

Diese aktive Betheiligung an den gottesdienstlichen Hand=
lungen geziemt der Gemeinde. Und es ist dieß, wie man nicht
selten dagegen geltend macht, so wenig etwas Katholisches, daß
sich vielmehr eben in der katholischen Kirche die Gemeinde beim
Hauptgottesdienst, der Messe, völlig schweigend verhält. Hin=
gegen ist es das Ächt=Evangelische, daß die Gemeinde
selbst auch ihre priesterlichen Rechte übt, und die Gnaden=
gaben, die ihr der Geistliche von ihrem Herrn darreicht, mit
ihrem Lob und Dank erwiedert, und die Opfer der An=
betung, die er von ihr vor Gottes Angesicht bringt, durch
ihr Amen als die ihrigen erklärt. — Freilich aber muß man
der Gemeinde auch solche Gesänge zuweisen, deren Ausführung
sie wirklich gewachsen ist. So wäre es z. B. viel angemessener,
daß man in den Versikeln (Antiphonen genannt) den Chor
statt der Gemeinde antworten ließe. Denn wenn z. B. an
Neujahr der Geistliche singt: „Die Güte des Herrn ist es,
daß wir nicht gar aus sind. Halleluja!" und die Gemeinde
soll antworten: „Und seine Barmherzigkeit hat noch kein Ende.
Halleluja!" so wird es derselben schwer werden, mit allen
ihren Stimmen alsbald den gleichen Rhythmus zu beobachten,
so daß es kein Untereinander von Worten und Silben gibt.
Wenn sie aber, um dieß zu vermeiden, wie es großentheils
das Uebliche ist, alle 12 Silben auf Einen Ton (vollends unter
dem Staccato der Orgel) gleich lang singt, so wird Jeder=
mann fühlen, welche rohe Weise von Gemeindegesang solches
ist. Ueberlasse man lieber diese Antwort dem Chor, welcher
auf einen gleichmäßigen rhythmischen Vortrag eingeübt werden

kann, und lasse die Gemeinde seine Antwort mit Halleluja
bekräftigen, so wird das Ganze sehr erbaulich klingen. Ebenso
ist es auch noch sehr problematisch, ob sich unsere Gemeinden,
die an ein Halblautsingen, wie es in der englischen Kirche statt=
findet, nicht gewöhnt sind, darein finden werden, die Psalmen
einigermaßen erbaulich zu singen, was von einzelnen Seiten
angestrebt wird. Man wird wohl auch die Psalmodie — etliche
ständige, der Gemeinde geläufige Hauptpsalmen vielleicht aus=
genommen — dem Chor überlassen und sich damit begnügen
müssen, daß die Gemeinde zum Schluß das „Ehre sei Gott dem
Vater" singt und sie hiemit zu ihrer eigenen Sache macht.
Wenigstens wird nur in kleineren Kreisen, etwa in manchen
regelmäßigen Nebengottesdiensten, der Psalmengesang in erbau=
licher Weise seitens der Gemeinde zur Ausführung kommen
können.

Daß der Gemeindegesang von der Orgel begleitet werde,
ist das durchaus Angemessene; und das Unisono der Ge=
meinde mit dem harmonischen Hintergrund der Orgel ist
volksmäßiger als künstliche Mehrstimmigkeit der Gemeinde.
Aber die Orgel soll sich auch diesem Dienst für die Gemeinde
gänzlich hingeben und soll nicht eigene Künste suchen im Wechsel
kunstvoller Harmonieen, sie soll vielmehr die einfachsten, klarsten,
reinsten Akkorde zur Begleitung wählen. Außer dieser Auf=
gabe liegt ihr innerhalb der Liturgie selbst keine weitere ob.
Denn sie ist nicht berufen, durch selbständiges Spiel der Ge=
meinde im Gottesdienst eine musikalische Erbauung zu schaffen.
Höchstens mag sie den Uebergang von der Liturgie zur Pre=
digt durch angemessene Einleitung des Predigtliedes ausfüllen.
Sonst aber ist ihr für selbständiges, doch auch da immerhin
in gottesdienstlichen Schranken stehendes Spiel nur der Anfang
des Gottesdienstes zugewiesen, um die Gemeinde in heilige

Stimmung zu verſetzen, und wiederum der Schluß des Gottes=
dienſtes, um die Gemeinde unter heiligen Klängen aus dem
Gotteshauſe zu geleiten.

Andere Inſtrumente haben im Gottesdienſt keine
Stelle, ſowohl wegen ihres theils zu ſchwachen, theils zu grellen
Tones, als deßhalb, weil ſie durch ihren Gebrauch in den
Augen der Gemeinde einen weltlichen Charakter bekommen
haben. Die Orgel iſt nun einmal durch die beſondere Er=
habenheit und Würde ihres Tones, welcher zugleich den der
andern Inſtrumente in ſich befaßt, zum beſondern gottesdienſt=
lichen Inſtrument geworden. Höchſtens könnte ſich's noch um
den Gebrauch der Poſaune handeln. Aber wir können auch
ihr nicht eigentlich das Wort reden. Jedenfalls müßten in
der Kirche ſelbſt nicht Trompeten, ſondern wirkliche Poſaunen,
denen eine feierlichere Art eigen iſt, gebraucht werden, die doch
aber wieder eine zu ſteife Behandlung mit ſich bringen, als
daß nicht dadurch der lebendige Rhythmus des Gemeindegeſangs
gehindert würde. Hingegen iſt Poſaunenklang (im weiten Sinne
des Worts) bei Feiern, die im Freien gehalten werden, an
ſeiner Stelle z. B. bei Feiern von Miſſionsfeſten und ähn=
lichen Gelegenheiten. Deßgleichen eignet ſich der Gebrauch
von Blech=Inſtrumenten, um, zumal in größeren Städten, von
den Thürmen herab der Gemeinde entweder den Anbruch eines
Feſtes anzukündigen, wo dann freilich die für das jeweilige
Feſt wirklich charakteriſtiſche Melodie gewählt werden müßte,
oder um bei Hochzeiten, Begräbniſſen u. ſ. f. die Gemeinde
mit in die Fcier des einzelnen Hauſes hineinzuziehen. Deß=
gleichen mag Inſtrumentalmuſik angewendet werden, um, ab=
wechſelnd mit Chorgeſängen, die Leiche vom Sterbehauſe zum
Grabe zu geleiten. — Hier, wie ſonſt im Freien, iſt Inſtru=
mentalmuſik — jedoch eine kirchlich würdige, keine ſentimental

klagende oder anderseits weltlich jubelnde — an ihrem Orte. Hingegen würde ihre Wiedereinführung in den Gemeindegottesdienst nur, wie ehedem, zur Verweltlichung der geistlichen Musik führen.

Für den Gemeindegottesdienst bildet das eigentliche musikalische Kunstelement der Chorgesang. Die Menschenstimme bleibt ja immer das würdigste Organ, um Gott zu preisen — dieß schon deßhalb, weil sie die Gefühle des Herzens ganz unmittelbar durch den Ton des Mundes zur Offenbarung bringt, sodann aber auch weil die Menschenstimme vor allen Naturlauten zur Darstellung vollendeter Schönheit fähig ist. Klingt doch Ein beseelter Ton aus der Menschenbrust lieblicher, erquickender und herzgewinnender als irgend ein Ton, welchen wir den Stoffen aus der animalischen oder vegetabilischen oder mineralischen Welt entlocken. Wie vielmehr werden die Naturtöne an innerer Macht und Herrlichkeit durch den Wohlklang von Harmonieen übertroffen, wenn sich die Stimmen der verschiedenen Alter und Geschlechter der Menschenkinder in Einem Sinne vereinigen, um in heiligem Wettstreit die großen Thaten Gottes zu verkündigen! Der kirchliche Chorgesang ist das höchste Erzeugniß heiliger Tonkunst. Und eben, wenn er rein für sich erklingt, ohne Nebenklang von Instrumenten, das verleiht ihm in besonderem Maße den Charakter von erhabener Schönheit und kirchlicher Weihe, die ihm vor anderen Tönen der Kunst seine auszeichnende Stelle im Gottesdienst der Gemeinde zuweist.

Es fragt sich aber, ob auch im evangelischen Gottesdienste Raum für den Chorgesang sei. Vielfach wird dieß bestritten. Die Gemeinde selbst sei zum gottesdienstlichen Handeln berufen, und könne nicht durch den Chor ersetzt werden, dürfe sich nicht von ihm verdrängen lassen. Dieser Einwand wäre auch richtig, wenn der Chor an die Stelle der Gemeinde treten sollte, wie dieß in der katholischen Kirche der Fall ist. Aber es ist dieß nicht der evangelische Standpunkt. Die Gemeinde kann und soll in ihrem vollen Rechte verbleiben; aber der Chor tritt als ergänzendes Glied in den Gottesdienst mit ein. Und zwar geschieht dieß nicht blos in der Weise, daß er als der musikalisch gebildete Theil der Gemeinde die Ausführung solcher Stücke übernimmt, denen die Gesammtgemeinde nicht gewachsen ist. Sondern er hat noch eine höhere Bedeutung und Aufgabe. Und diese beruht darauf, daß sich die einzelne Lokalgemeinde mit ihren Gottesdiensten nicht in reiner Vereinzelung und Isolirung fühlt, sondern in Einheit mit allen übrigen Gemeinden, die in ihrer Vereinigung den Leib Christi bilden. Und diesem idealen Elemente weiß sie nicht auf angemessenere Weise Ausdruck zu geben, als indem sie dafür das musikalische Charisma in Anspruch nimmt, das ihr verliehen ist. Durch das ideale Element höherer Tonkunst läßt sie in ihren Gesang die Gesänge der gesammten Kirche hineinklingen; und zwar ist es bald die Kirche des Alten Bundes, bald die des Neuen Bundes aller Orten und Zeiten, bald die himmlische Gemeinde mit den Engelchören, deren Gesänge sie durch den Chor in ihren Gottesdiensten ertönen läßt. Eben solche Vereinigung eignen Gesanges mit Gesängen im höheren Chor erhöht die Andacht der Gemeinde und gibt ihr Flügel zum Aufschwung in die Sphären himmlischen Lebens. Es müssen daher aber auch wohlgebildete Stimmen sein, welche den Gesang in hoher Reinheit und edler Einfalt auszuführen vermögen, damit das Heilige auch wirklich in der Form des Schönen erscheine. Ferner kann es nicht genügen, daß man dafür den bloßen Schülerchor verwende, noch auch einen bloßen Männerchor; sondern der aus den verschiedenen Stimmen gemischte, der volle Chor allein ist fähig, um einerseits die volle Schönheit heiligen Tones zu entfalten, und anderseits als Vertreter der gesammten Kirche zu dienen, die alle Geschlechter und Alter umfaßt. Daß man aber dazu nicht außerkirchliche Kräfte herbeiziehe, ist in klarer Weise dadurch gefordert, daß die Gemeinde mit dem Chor, daß die lokale Gemeinde mit der allgemeinen Kirche das Eine Volk Gottes darstellt, welches Gott anbetet im Geist und in der Wahrheit.

Vor allem aber ist wichtig, daß die Gesänge selbst, die der Chor ausführt, einen heiligen und kirchlichen Ton haben. Ein heiliger Ton soll es sein im Gegensatz zu den weltlichen Klängen, ein Ton nicht der Lust und der Leidenschaft, sondern der Liebe und des Friedens im heiligen Geiste, ein Ton nicht des Klagens in Jammer und Verzweiflung, sondern in Buße und Glauben, in Hoffnung und Ergebung. Man sage nicht, daß die Musik solche Unterschiede nicht kenne, daß für sie blos der Unterschied von Schön und Unschön bestehe. Denn wenn man sich dafür auf die frühere Herübernahme weltlicher Melodieen in den kirchlichen Gebrauch bezieht, so darf man nicht übersehen, daß das weltliche und das kirchliche Leben des Volkes sich ehedem näher standen, und daß auch das mittelalterliche Volkslied einen ernsteren Melodieenton hatte denn heute. Wer wollte aber verkennen, daß die Schönheit, die wir allerdings auch einer Oper zuerkennen, ja selbst einem Tanz und Marsch nicht absprechen, doch eine so viel andere sei, als die eines kirchlichen Hymnus? Die Schönheit gottesdienstlichen Chorgesangs muß eine heilige sein. Und daß die heilige Schönheit des Inhalts auch die Reinheit des Vortrags als Forderung in sich schließe, liegt in der Natur der Sache, weil nur dadurch jene Schönheit zur vollen Offenbarung und Geltung

gelangt. Wo der Chor singt, muß es ebenso in möglichster
Vollendung als in keuscher Einfalt geschehen, ohne Zier=
rath und Effekthascherei noch andere Eitelkeit. — Aber nicht
blos ein heiliger, auch ein kirchlicher Ton soll es sein —
kirchlich im Gegensatz zur Empfindung der einzelnen Seele, die
sich in allen Schattirungen des Gefühls bewegen kann und
auch darf. Die kirchlichen Gesänge müssen ein solches Maß
heiliger Empfindung aussprechen, wie es von jedem Ge=
meindeglied verstanden und nacherlebt werden kann, deß=
gleichen bei aller Kunst müssen sie so einfach sein, daß sie auch
dem Laien, welcher besonderer musikalischer Bildung entbehrt,
zu Herzen dringen und ihm das Heilige verklären. Die Kirche
hat auch in ihren Gesängen ihren eigenen Ton wie in ihren
Gebeten und Liedern. Das gottesdienstliche Gebet, in Buße
wie in Dank, unterscheidet sich von dem Privatgebet der ein=
zelnen bekümmerten oder entzückten Seele durch seine einfache
Fassung und heilige Ruhe. Und ebenso unterscheidet sich durch
die gleiche Eigenschaft das gottesdienstliche Lied von den Er=
zeugnissen anderer geistlicher Lyrik. Sollte, dürfte es nun
beim gottesdienstlichen Gesang anders sein? Es gilt auch hier
das gleiche Gesetz der Gemeindlichkeit und Kirchlichkeit.
Daher gehört der Oratorienstyl nicht in den Gemeindegottes=
dienst; denn er spricht die individuellen Vorgänge und die sub=
jektiven Empfindungen des Heiligen aus. Und vollends sind
Arien und Sologesänge fern zu halten, welche überdieß die
Aufmerksamkeit von der heiligen Sache ab auf die persönliche
Leistung lenken. Man halte sich hiefür vielmehr an die edlen,
großen Vorbilder aus der klassischen Periode des Kirchenge=
sangs, in welcher die Componisten noch aus dem Gemeinde=
bewußtsein zu schöpfen vermochten und nicht, wie heutzutage,
auf ihr bloßes persönliches frommes Gefühl für ihre Schö=

pfungen gewiesen waren, an die Werke eines L. Haßler, Mich.
Prätorius, Joh. Eccard und anderer großer Meister unsrer Kirche
aus jener Zeit, sowie an solche Meister der Gegenwart, welche
sich für die Kunst kirchlichen Tonsatzes an jenen klassischen Mei=
stern gebildet haben. Selbst Gesänge von klassischen Meistern
der katholischen Kirche, wie von Palestrina, Orlando di Lasso,
Gallus u. A. mögen in unseren Kirchen zur Erbauung der
Gemeinde ertönen. Und es wird sich hiebei zwischen dem katho=
lischen und dem evangelischen Chorgesang nur der Unterschied
geltend machen, daß dort der Text blos als Grundlage dient
für die Entfaltung des Tonlebens, daß ihm dagegen hier in
Verbindung mit dem Ton eine wesentliche Bedeutung für das
Verständniß der Gemeinde zukommt, daher es auch wünschens=
werth erscheint, daß die Gemeinde, um den Worten des Chor=
gesangs folgen zu können, den Text dazu in Händen habe.

Von selbst ergibt sich von dieser Forderung an die Be=
schaffenheit des gottesdienstlichen Chorgesanges die nicht min=
der wichtige Forderung für seine Stellung, daß er sich nämlich
als organisches Glied in den Gang des Gottesdienstes
einfüge. Wo keine eigentliche Liturgie besteht, da bleibt frei=
lich nichts anders übrig, als an irgend einem Orte vor oder
nach der Predigt eine Motette oder einen ähnlichen geistlichen
Gesang vom Chor singen zu lassen. Jedoch ist es hiebei kaum
zu vermeiden, daß solcher Gesang wie eine Art Concert er=
scheine, welches man in den Gottesdienst einschiebt, um dem
didaktischen Elemente der Predigt ein gefühlsmäßiges als Gegen=
gewicht an die Seite zu stellen, oder um dem Gottesdienst einen
künstlerischen Schmuck zu verleihen. Offenbar ist dieß aber
eine Verquickung von Verschiedenartigem, nicht eine lebendige
Einheit gottesdienstlichen Wesens. Hingegen wo eine vollere
Liturgie besteht, da kann, aber da muß auch der Chor sich

organisch mit den gottesdienstlichen Handlungen verbinden, sei
es, daß er eine Handlung des Geistlichen einleitet, oder daß
er auf dieselbe antwortet, oder daß er durch seinen Miteintritt
zugleich die Antwort der Gemeinde vermittelt. Da steht dann
der Chor nicht als etwas Fremdes im Gottesdienste da, son=
dern er bildet ein wesentliches Glied desselben, indem er wie
zur Bekräftigung der Handlungen des Geistlichen so zur Er=
weckung der Thätigkeit der Gemeinde dient. Und das künst=
lerische Element, das er vertritt, bringt in die gesammte Li=
turgie einen gewissen höheren Ton, verleiht ihr eine Art Ver=
klärung.

Hiezu sei nebenbei bemerkt, daß es dieser vermittelnden
Stellung und erhöhenden Bedeutung entspricht, wenn der Sing=
chor seine Stelle in der Kirche über der Gemeinde, d. i.
bei der Orgel erhält. Dieß ist wohl auch das Herkömmliche.
Aber man läßt ihn da meist nicht genugsam zur Geltung kommen.
Sind doch in neuerer Zeit viele Kirchen gebaut worden, wo
man auf die Aufstellung eines mehrstimmigen Chors gar nicht
Bedacht nahm, sondern vor der Orgel höchstens einen schmalen
Raum ließ für eine Reihe von vorsingenden Schulkindern,
während man hingegen die Orgeln nicht groß und kunst=
reich genug bauen kann, oft viel zu groß für die kleine Kirche,
viel zu kunstreich für den schlichten Gesang der Gemeinde. Da
tritt recht klar und auffallend die Herrschaft der verkehrten
Meinung zu Tage, daß die Orgel Alles zu leisten habe, daß
sie auch den Chorgesang zu vertreten im Stande und berufen
sei. Nein, es muß in der Kirche Ort und Raum gegeben
sein für eine angemessene Aufstellung des Singchors, ja selbst
für die Aufstellung von zwei gegeneinander singenden Chören.
Und wenn man überdieß dabei die unruhigen Bewegungen der
Chormitglieder sowie den Taktirstab des Dirigenten den Augen

der Gemeinde zu entziehen weiß, so wird dieß zu einer un-
gestörteren Erbauung dieser wesentlich beitragen.

An wie vielen Stellen des Gottesdienstes aber und auf
wie mannigfaltige Weise kann der Singchor seine Verwendung im Gottesdienste finden! Das eine Mal singt
er allein im liturgischen Ton wie im Introitus, das andere
Mal vermittelt er den Gesang der Gemeinde, wie wenn er
nach der Lesung des Glaubensbekenntnisses das dreifache Amen
der Gemeinde durch den Preis des dreieinigen Gottes: Ehre
sei dem Vater und dem Sohne und dem heil. Geiste u. s. f. einleitet oder nach den sieben Bitten des Vaterunsers, im Anschluß
an die altkirchliche Sitte, das einfache Amen der Gemeinde
durch die Doxologie: „Denn dein ist das Reich und die Kraft
und die Herrlichkeit in Ewigkeit!" Bald sind es nur wenige
Worte, womit er eine Handlung des Geistlichen abschließt, wie
das „Ehre sei dir, Herr" nach dem Evangelium, bald liegt
ihm selbst die Ausführung des liturgischen Gedankens ob, während sich die Gemeinde nur kurz dazu bekennt, wie wenn der
Chor das Fest-Kyrie singt: „Kyrie, Gott Vater in Ewigkeit, groß
ist deine Barmherzigkeit, aller Ding ein Schöpfer und Regierer",
worein die Gemeinde mit ihrem Eleison einstimmt, und so auch
bei der nachfolgenden Anrufung des Sohnes und des heil. Geistes.
Wieder sodann theilen sich Chor und Gemeinde in die zwei
Hälften eines Liedes, wie bei den festlichen Benedicamusliedern,
z. B.: „Ein Kind geborn zu Bethlehem, Halleluja", wo die
Gemeinde fortfährt: „Deß freuet sich Jerusalem, Halleluja!"
Ferner können Chor und Gemeinde wechselnd Vers um Vers
eines Liedes singen; nur muß dann dieser Wechsel durch den
Inhalt motivirt sein. Oder Chor und Gemeinde mögen verschiedene Lieder Vers um Vers gegen einander singen, wie wir
es oben bei der früheren Feier der Christmette gesehen haben.

Doch darf der Chor, wenn er selbständig den Gesang eines
Liedes übernimmt, der Gemeinde nicht ihr herkömmliches
Hauptlied wegnehmen, wie etwa, wenn er an Advent „Wie
soll ich dich empfangen" singen wollte oder am Reformations=
fest: „Ein feste Burg ist unser Gott". Ja der Chor kann
selbst in dramatischer Weise mit dem Gemeindegesang zu=
sammenwirken, wie es z. B. früher an vielen Orten üblich
war, daß der Chor, wenn bei Begräbnissen die Leiche unter
dem Gesang: „Nun laßt uns den Leib begraben", eingesenkt
wurde, auf jeden Vers dieses Liedes mit einem andern Vers
antwortete, worin er, der Chor, als Repräsentant des Abge=
schiedenen, von der himmlischen Freude singt, deren dieser nun
nach Ueberwindung des Erdenjammers genießt. Endlich kann
aber auch an einzelnen Stellen, wo es die liturgische Hand=
lung mit sich bringt, der Chor selbst allein Gesänge ausführen,
wie z. B. während der Austheilung des heiligen Abendmahls.

So gibt es die verschiedensten Wege und die mannigfachsten
Weisen, in welchen der Singchor an den Handlungen des Gottes=
dienstes sich betheiligen kann. Und zwar mag diese Mitwir=
kung in beschränkterem Maße selbst bei jedem sonntäg=
lichen Gottesdienste stattfinden; ganz besonders aber erscheint
sie gefordert zur Verherrlichung der Feier an Fest= und Feier=
tagen. Im Hauptgottesdienste freilich ist er hiebei durch die
Liturgie noch in engere Schranken gestellt. Aber in den litur=
gischen Festandachten kann er sich viel reicher ausbreiten.
Und eine noch einflußreichere Stellung nimmt er in gewissen
besonderen Feiern ein, wie in der Christmette, in den
Passionsandachten, zumal am Charfreitag, wo er durch
die für diese Zeiten überlieferten eigenthümlichen, charakteri=
stischen Gesänge die Gemeinde mit heiliger Macht in jene feier=
liche Stimmung zu erheben vermag, welche die jemalige Fest=

zeit mit sich bringt und fordert. Es empfiehlt sich deßhalb auch, mit der Wiederaufnahme des Chorgesangs eben bei solchen frei gebildeten Andachten zu beginnen. Die Gemeinde wird sich dann, wenn sie hier die erbauliche Schönheit des Chor= gesangs kennen gelernt hat, leichter darein finden, daß auch dem Hauptgottesdienste in seinen festen liturgischen Formen eine ähnliche Verklärung zu Theil werde.

Sie sehen aber hieraus, geehrte Versammelte, wie der Singchor im reichsten Maße fähig und im Stande ist, dem Gottesdienste unsrer Kirche eine höhere Feierlichkeit zu ver= leihen. Man pflegt die katholische Kirche um ihren Kirchen= gesang zu beneiden. Und es geschieht solches auch mit Recht, wenn man nicht sowohl auf den herrschenden Zustand desselben in der Gegenwart blickt, wo er in ganzen Ländern, zumal in Italien (die päpstliche Kapelle ausgenommen) an der größten Verweltlichung leidet, sondern wenn man die edlen Bestrebungen meint, die jetzt, zumal in Deutschland, daneben hergehen, den Kirchengesang aus der früheren klassischen Periode in ihr wieder zur Geltung zu bringen. Aber es ist darauf aufmerksam zu machen, daß der evangelischen Kirche gleich herrliche Kräfte aus jener Periode ihres klassischen Kirchenstyls zu Gebote stehen, wenn sie dieselben nur beachten, erkennen und gebrauchen will. Ja die evangelische Kirche ist selbst im Stande, noch viel schö= nere und erbaulichere Gottesdienste zu feiern. Denn zu den künstlerischen Leistungen des Singchors kommt bei ihr noch hinzu der Gemeindegesang, welcher, wenn er mit jenem in organischer Weise verbunden ist, zu dem mehrstimmigen Har= monieenklang des Chors durch den großartigen Chor der Volks= stimmen unter begleitendem Orgelton einen mächtigen Wider= hall bildet, der den künstlerischen Eindruck einer feiernden Gemeinde erst vollendet.

Bei dieser Verwendung des Chorgesangs im Gottesdienste
haben wir übrigens, wie gesagt, blos solche Gesänge im Auge
gehabt, welche im streng kirchlichen Styl gehalten sind.
Aber sollen denn, wird man einwenden, die vielen erbaulichen
geistlichen Gesänge, die eine mehr subjektive Haltung haben
und dem Oratorienstyl angehören, nicht auch dem Ohr der
Gemeinde zugänglich gemacht werden? Diesen Einwand darf
man nicht so ohne Weiteres durch die Bemerkung zurück-
weisen, daß die Kirche daran durch das Wesen des Gottesdienstes als gemeinblicher Anbetung gehindert sei. Denn wenn
der Kirche allerdings in ihren eigentlichen Gottesdiensten selbst,
seien es Haupt- oder Nebenfeiern, hiedurch eine Schranke ge-
zogen ist, so entsteht doch die Frage, ob die Kirche ihren Gemeinden nicht auf anderem Wege solchen erbaulichen Genuß
verschaffen könne und solle. Und wir glauben, daß dieß auch
wirklich geschehen könne, wenn man auf eine früher in unserer
Kirche bestehende Einrichtung zurückgreift, auf die sogenannten
musikalischen Andachten des 17. Jahrhunderts, die man
als „geistliche Gemüthsergötzungen" den Gemeinden darbot.
Die Gemeinde würde sich da, insbesondere an den jeweiligen
Festen, zu einer außergottesdienstlichen Stunde in der
Kirche versammeln, um sich an heiligem Gesang des Chors
zu erquicken. Der Geistliche aber würde dabei nicht als
Liturg fungiren, weder dabei sprechen noch die Versammlung
durch liturgisches Handeln leiten, obwohl seine Gegenwart zum
Zweck einer ernsten und würdigen Haltung, sowie um ihr das
Gepräge einer gemeinsamen Nachfeier des Festes zu geben,
immerhin erwünscht wäre. Die Gesangsstücke selbst würden in
engster Beziehung zum Feste stehen und sich in naturgemäßer
Weise folgen müssen. Hier könnten nun auch Gesänge von
nicht streng kirchlicher Richtung, wie etwa von Mendels-

sohn, zur Ausführung kommen, nur daß wir Arien und Solo=
gesänge auch hier ausgeschlossen sehen möchten, weil sie zu
leicht den Sinn von der heiligen Sache ab und auf die Vir=
tuosität der Sänger hinlenken, sowie auch die Instrumental=
begleitung, weil sie leicht einen weltlichen Ton in die Feier
bringen könnte. Im Uebrigen mag die freieste Wahl und
Anordnung stattfinden. Es können ganze Lieder durchge=
sungen werden, wie wir deren von alten Meistern haben, worin
der eine Vers zweistimmig, der andere, je nach dem Inhalte,
drei=, ein anderer vierstimmig gesungen wird und etwa der
erste und letzte Vers fünfstimmig. Ein anderer Weg ist, daß
man verschiedene Compositionen nach einer gewissen inneren
Folge aneinander reihe. Die Orgel aber, welche hier für
eigenes Spiel freiere und weitere Bewegung hat und selbst in
kürzeren Orgelsonaten sich ergehen kann, verbindet die verschie=
denen Stücke mit einander. Und damit das Ganze einen ge=
meinblichen Rahmen erhalte, mag die versammelte Gemeinde
die Feier mit einem Liedgesang einleiten und abschließen, ja
sie kann, wo es naheliegt, auch dazwischen mit einem treffenden,
erbaulichen Liedervers eintreten. Dieß ist kein eigentlicher
Gottesdienst, es ist eine Versammlung zum Zweck heiligen
Kunstgenusses, welcher der ganzen Gemeinde frei geboten ist —
daher auch Becken zu freiem Einlegen ausstehen. Wer möchte
verkennen, daß auch in solchen rein musikalischen Andachten
eine sehr hohe Macht der Erbauung liege! Und wird es nicht
überdieß dazu beitragen, Gemeindeglieder von niedrigeren Ge=
nüssen abzuhalten und den Sinn der Gemeinde überhaupt auf
das Edle und Schöne zu richten und für dasselbe zu bilden?

Doch wir gehen noch einen Schritt weiter, um die Pflege
heiligen Kunstgenusses zu empfehlen. Auch dem besonders musi=
kalisch gebildeten Theil der Gemeinde, einem kunstsinnigen

Publikum soll an den Festen und Feiertagen ein ähnlicher
Genuß geboten werden. Wir meinen die geistlichen Concerte, zu denen der Eintritt nur gegen Karten stattfindet, auch
da, wo aus Mangel einer angemessenen Tonhalle die Kirche
dazu überlassen wird. Da sollen die herrlichen Werke eines
Händel, da sollen die Fest=Oratorien eines Seb. Bach und seine
Cantaten zur Aufführung gebracht werden, und zwar mit allen
Mitteln der Kunst, insbesondere auch mit Hilfe der In=
strumentalmusik. Freilich gehören hiezu besondere musikalische
Kräfte, allein sie werden sich fast in jeder Stadt finden, wenn
nur der rechte Mann an der Spitze steht. Auch solche Concerte
vermögen einen Vorschmack des Ewigen zu geben. Und wie
reich würde sich demnach die Fest=Feier in einer Gemeinde
gestalten, wenn z. B. an Weihnachten vorerst im Hauptgottes=
dienst und in der Christmette sowie in der nachmittägigen
Festandacht unter gliedlicher Einordnung in die Liturgie die
mannigfachen kirchlichen Festgesänge seitens der Gemeinde und
des Chors zum Preis der Menschwerdung Gottes erklängen,
wenn dann, etwa am zweiten Festtage, sich die Gemeinde in
ihrem Gotteshause zu einer musikalischen Andacht versammelte,
um sich ganz in die reine Lieblichkeit und Herrlichkeit der weih=
nächtlichen Gesänge zu versenken, und wenn überdieß noch, etwa
an einem dritten Tage, für das kunstgebildete Publikum das
Weihnachts=Oratorium von Sebastian Bach oder eine seiner
Cantaten auf Weihnachten im ernsten Concerte zur Erquickung
der Seele, zur Erhebung des Geistes in öffentlicher Aufführung
dargeboten würde! So, in klarer Scheidung jedes an
seinem Orte: Gottesdienst, musikalische Andacht und
geistliches Concert, aber auch alles in Vereinigung:
Kirchliches, Heiliges, Geistliches — welch edle musikalische Festfeier einer evangelischen Gemeinde! —

Sollen wir aber dieses Ziel erreichen, so ist nothwendig, daß aller Orten der Sinn dafür geweckt und die Kräfte dafür gebildet werden. Hiezu ist schon in der deutschen Schule der Grund zu legen, indem nicht nur die Choräle in viel größerem Umfang, wie solches das liturgische Lied mit sich bringt, geübt, sondern indem auch die Kinder, zum mindesten die besseren Stimmen, im Verständniß der Noten und in mehrstimmigem Gesang unterrichtet werden. Und dieß soll nicht blos als Sache der Unterhaltung betrachtet, sondern mit allem Ernst als Mittel der Bildung und Erziehung — denn diese Wirkung hat die ächte Musik — behandelt werden. Der liebliche Gesang der Kinder wird dann auch die Herzen der Alten für das Heilige gewinnen. Ferner sollen in den Schul= lehrer=Seminarien die künftigen Cantoren außer mit dem Choral auch mit den übrigen musikalischen Schätzen der Kirche vertraut gemacht werden. Es ist dieß wichtiger, als viel Anderes, was man von ihnen zu wissen fordert. Denn der Dienst für die Kirche krönt die Arbeit der Schule. Selbst an den Gymnasien sollten sich Chöre für kirchlichen Gesang bilden, um die Feier der festlichen Schulandachten zu erhöhen. Und wird nicht auch ein tüchtiger Gesangunterricht im klas= sischen und kirchlichen Styl einem phantastischen Musikcultus unsrer Jugend, welcher die Seelen nur schwächt, am sichersten entgegenwirken? Wie eng ist ehedem hierin das Band ge= wesen, das die Lateinschule mit der Kirche verband! Die da und dort noch bestehenden Alumneen sind Zeugniß davon. Man suche sie ja zu erhalten und nehme Bedacht darauf, sie neu wieder aufzunehmen! Ebenso sollten an allen Univer= sitäten liturgische Seminarien eingerichtet werden, welche — abgesehen von dem rein theoretischen Wege der Vorlesungen — den Theologie Studirenden die geschichtliche und prak-

tische Kenntniß der kirchlichen Musik in ihren verschiedenen Zweigen vermitteln.

Was aber die Gemeinden selbst betrifft, so geht ihre
Aufgabe dahin, ständige Kirchenchöre von gemischten
Stimmen zu gründen, Chöre, welche durch bestimmtes Ein-
kommen ihrer Glieder an den festen Dienst der Kirche, der
in der Gemeinde als Ehre gilt, gebunden sind und durch heiligen Ernst dazu angeleitet werden, getragen von dem Gefühle
kirchlicher Gliedschaft in den Gottesdiensten der Gemeinde
sowie bei den besonderen kirchlichen Handlungen mitzu-
wirken und sich nach Umständen auch als Currende für das
Bedürfniß Einzelner verwenden zu lassen. Und solches ist nicht
bloß Aufgabe in Städten, sondern es kann dieß auch in seinem
Maße auf jedem Dorfe erreicht werden. Denn daß die
Kräfte dazu vorhanden sind, zeigen die Männergesangvereine,
die auch auf Dörfern sich bilden, und die Schule bietet ohnehin immer die nöthige Zahl der oberen Stimmen dar. Es
ist nur nöthig, daß der Cantor der Aufgabe gewachsen sei;
und da die Kirche die ausreichende Zahl auch von einfachen
Chorgesängen besitzt, kann jeder Cantor in diese Aufgabe hin-
einwachsen. Die Geistlichen aber sind berufen, den Sinn
für gottesdienstlichen Chorgesang in ihren Gemeinden zu wecken;
und als Gewinn wird ihnen außer der erbaulicheren Gestal-
tung ihrer Gottesdienste daraus hervorgehen eine Befestigung
des Bandes vornehmlich mit der Jugend und durch sie wieder
mit den Alten, die sich solchen kirchlichen Wirkens ihrer Kinder freuen.

Jedoch ist durch dieses Ziel von ständigen Kirchen-
chören nicht ausgeschlossen, daß sich auch freie Gesangvereine bilden. Vielmehr sind dieselben theils das beste
Mittel, um die Gründung von festen Chören herbeizuführen,

theils werden sie in gewissen Fällen als Ergänzung jener
in der Kirche dienen können. Ja, es ist zu wünschen, daß
sich ein Netz von solchen Vereinen über die ganze evan=
gelische Kirche in Deutschland ausbreite. Schon vor
Jahren haben Freunde heiliger Musik in Anlaß der bedeuten=
den Leistungen des katholischen Cäcilien=Vereins die Frage
erwogen, ob nicht auch für die evangelische Kirche die Gründung
eines ähnlichen Gesammtvereins wünschenswerth und möglich
sei. Jedoch erschien es damals gerathen, dafür erst den Boden
im Kreise der Geistlichen, Cantoren und Gemeinden besser zu
bearbeiten. Und zu dem Zweck ist vor 5 Jahren eine der
Liturgie und der Kirchenmusik dienende Zeitschrift,
die Siona gegründet worden. Durch sie sowie durch ander=
weitige Bemühungen ist nun aber der Boden auch wirklich
so weit bereitet, daß sich in Südwestdeutschland bereits viele
Vereine zu einem kirchlichen Gesammtverein verbunden haben.
Wäre hiemit nicht die Zeit gekommen, daß man auch in den
Landeskirchen Norddeutschlands diesem Vorgang folge? Soll
aber aus diesen Einzelbestrebungen schließlich ein allgemeiner,
das gesammte evangelische Deutschland umfassender Verein
hervorgehen, so ist freilich nothwendig, daß man über das zu
erstrebende Ziel klar und einig sei. Dieses Ziel ist und kann
aber kein anderes sein, als daß hinfort in unsern Gottes=
diensten unter organischer Eingliederung in die Li=
turgie heilige Gesänge in ächt kirchlichem Styl er=
tönen, welche in Wahrheit zur Verherrlichung der kirchlichen
Feier und zur Erbauung der Gemeinde dienen. Mögen dann
die einzelnen Gesangvereine außerdem wie zu ihrer persön=
lichen Erholung so im Hinblick auf das Bedürfniß der geist=
lichen Concerte auch geistliche Gesänge freierer Form und in
subjektiver Fassung mit in ihre Uebungen aufnehmen — es

bliebe ihnen dieß unverwehrt. Aber die Aufgabe ei. s
allgemeinen evangelischen Kirchengesangvereins se. .
liegt in dem specifisch gottesdienstlichen Bedürfriß,
daher denn auch in seinen öffentlichen Vereinigungen ..
Festen nur solche, dem eigentlichen gottesdienstlichen Z. l
dienende Gesänge zur Aufführung kommen sollen. Nur b...u
wird von solchen Vereinigungen eine nachhaltige geseg...te
Wirkung ausgehen, daß in unsern Gemeinden wieder erste...u
die „schönen Gottesdienste des Herrn".

Ja es ist, hochgeehrte Versammlung, ein hohes, schön...
Ziel, das wir anstreben. Aber hüten wir uns dabei, ha.
unser Wirken für dasselbe nicht zum Lippen= und Werkd...
werde. Unsre Gottesdienste werden dem Herrn nur d...
wirklich gefallen, wenn unser Gesang im Gottesdienst herr..
bringt aus lebendigem Glauben des Herzens in heiliger D...
muth und kindlicher Liebe. Darauf müssen wir unsre G...
meinden vor Allem hinweisen, dazu auch sie hinleiten. De...u
wird sich an und in uns das Wort des Apostels erfüllen,
er seiner Vermahnung zum Gesang von Psalmen und L...
gesängen und geistlichen lieblichen Liedern hinzufügt: „Und
singet dem Herrn in eurem Herzen".